So wird es gemacht:

Öffne das LÜK®-Kontrollgerät und lege die Plättchen in den unbedruckten Deckel! Jetzt kannst du auf den Plättchen und auf dem Geräteboden die Zahlen 1 bis 24 sehen.

Beispiel: Seite 2 **Addition mit 0, 1 oder 2**

Nimm das Plättchen 1 und sieh dir Aufgabe 1 an: **22 + 1**
Rechne nun diese Aufgabe aus!
Die Lösung ist **23**.
Das ist auch die Feldzahl im Kontrollgerät, auf die du das Plättchen legst, also Plättchen 1 auf Feld **23** im Geräteboden! Die Zahl **1** soll nach oben zeigen.

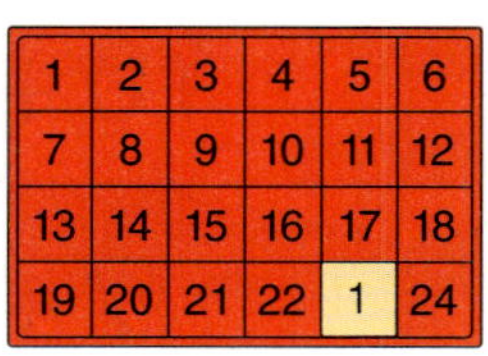

So arbeitest du weiter, bis alle Plättchen im Geräteboden liegen. Schließe dann das Gerät und drehe es um! Öffne es von der Rückseite! Wenn du das bei der Übungsreihe abgebildete Kontrollmuster siehst, hast du alle Aufgaben richtig gelöst.

Passen einige Plättchen nicht in das Muster, dann hast du dort Fehler gemacht. Drehe diese Plättchen da, wo sie liegen, um, schließe das Gerät, drehe es um, und öffne es wieder!
Jetzt kannst du sehen, welche Aufgaben du falsch gelöst hast. Nimm diese Plättchen heraus und suche die richtigen Ergebnisse! Kontrolliere dann noch einmal! Stimmt jetzt das Muster?

Das System ist für alle Übungen dasselbe: Die roten Aufgabennummern im Heft entsprechen immer den LÜK-Plättchen aus dem Kontrollgerät. Die schwarzen Zahlen hinter den Lösungen sagen dir, auf welche Felder des Kontrollgerätes die Plättchen gelegt werden müssen.

Und nun viel Spaß!

Addition mit 0, 1 oder 2

Bauer Simon lädt Kartoffelsäcke auf

1 22 + 1	2 17 + 2	3 20 + 1
4 24 + 0	5 14 + 2	6 20 + 0
7 12 + 2	8 17 + 1	9 20 + 2
10 14 + 1	11 15 + 2	12 11 + 2
13 12 + 0	14 6 + 2	15 10 + 0
16 10 + 1	17 0 + 1	18 7 + 2
19 1 + 1	20 3 + 2	21 2 + 2
22 6 + 1	23 4 + 2	24 2 + 1

Subtraktion mit 0, 1 oder 2

Leckere Spiegeleier

1 22 - 1	2 20 - 0	3 24 - 1
4 24 - 2	5 19 - 2	6 20 - 1
7 15 - 2	8 17 - 2	9 24 - 0
10 19 - 1	11 17 - 1	12 16 - 2
13 10 - 1	14 9 - 2	15 12 - 1
16 12 - 2	17 4 - 2	18 12 - 0
19 3 - 2	20 4 - 1	21 8 - 2
22 9 - 1	23 6 - 2	24 7 - 2

Vermischte Aufgaben

1 $2 + 1 =$ ___

2 $3 + 2 =$ ___

3 $1 + 1 =$ ___

4 $6 - 2 =$ ___

5 $8 - 1 =$ ___

6 $8 - 2 =$ ___

7 $10 + 1 =$ ___

8 $13 + 2 =$ ___

9 $1 + 0 =$ ___

10 $9 - 1 =$ ___

11 $18 - 2 =$ ___

12 $14 - 2 =$ ___

13 $7 + 2 =$ ___

14 $16 + 1 =$ ___

15 $11 + 2 =$ ___

16 $10 - 0 =$ ___

17 $24 - 1 =$ ___

18 $16 - 2 =$ ___

19 $22 + 2 =$ ___

20 $20 + 1 =$ ___

21 $19 + 0 =$ ___

22 $19 - 1 =$ ___

23 $24 - 2 =$ ___

24 $21 - 1 =$ ___

Plus und minus im Wechsel

1 ___ = 5 + 2

2 12 - 1 = ___

3 ___ = 2 + 2

4 9 - 1 = ___

5 ___ = 14 + 2

6 12 - 0 = ___

7 ___ = 23 + 1

8 22 - 2 = ___

9 ___ = 1 + 2

10 17 - 2 = ___

11 ___ = 18 + 1

12 24 - 1 = ___

13 ___ = 0 + 2

14 8 - 2 = ___

15 ___ = 10 + 0

16 3 - 2 = ___

17 ___ = 15 + 2

18 10 - 1 = ___

19 ___ = 16 + 2

20 14 - 1 = ___

21 ___ = 20 + 1

22 7 - 2 = ___

23 ___ = 13 + 1

24 24 - 2 = ___

Addition ohne Überschreitung

Hungrige Ferkel

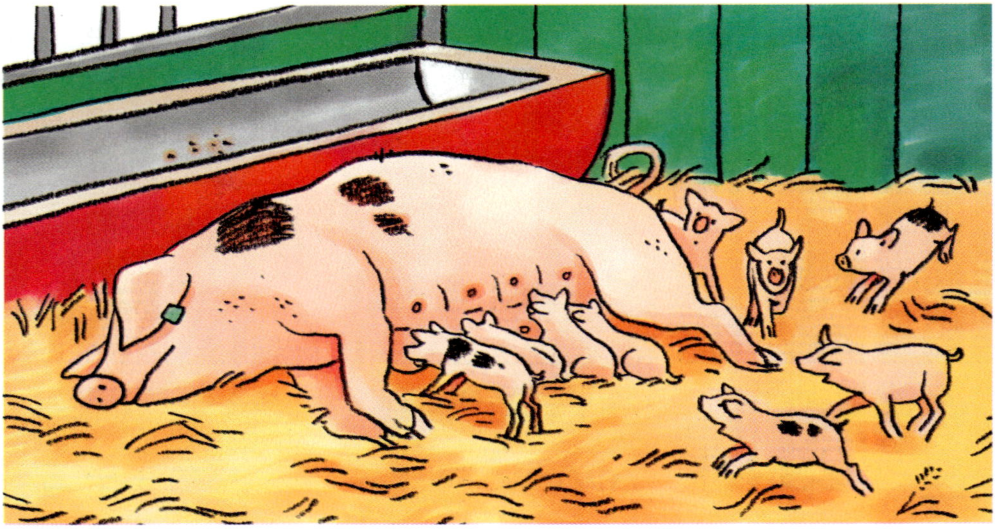

1: 11 + 3	2: 14 + 4	3: 20 + 2	4: 12 + 1
5: 5 + 4	6: 13 + 4	7: 3 + 3	8: 0 + 2
9: 20 + 1	10: 8 + 2	11: 1 + 0	12: 2 + 3
13: 16 + 4	14: 21 + 3	15: 11 + 4	16: 17 + 2
17: 10 + 2	18: 12 + 4	19: 11 + 0	20: 5 + 3
21: 1 + 2	22: 21 + 2	23: 4 + 3	24: 2 + 2

Subtraktion ohne Unterschreitung

Fallobst

1: 15 - 3	2: 8 - 4	3: 9 - 2	4: 14 - 3
5: 20 - 1	6: 6 - 3	7: 19 - 4	8: 24 - 1
9: 10 - 2	10: 23 - 3	11: 24 - 0	12: 18 - 2
13: 9 - 4	14: 10 - 1	15: 4 - 3	16: 8 - 2
17: 24 - 2	18: 6 - 4	19: 24 - 3	20: 20 - 2
21: 17 - 3	22: 14 - 4	23: 18 - 1	24: 16 - 3

Rechne richtig aus!

1 $12+4$	2 $21+3$	3 $15+4$
4 $17-2$	5 $10-3$	6 $24-1$
7 $10+1$	8 $1+2$	9 $17+3$
10 $10-2$	11 $8-4$	12 $15-3$
13 $20+1$	14 $13+4$	15 $12+1$
16 $24-2$	17 $9-3$	18 $18-4$
19 $3+2$	20 $7+3$	21 $2+0$
22 $20-2$	23 $10-1$	24 $5-4$

Wer schafft das ohne Fehler?

1 $1+3$	2 $15-2$	3 $14+4$
4 $7-4$	5 $21+2$	6 $17-3$
7 $15+4$	8 $13-3$	9 $15+2$
10 $24-0$	11 $5+4$	12 $22-2$
13 $13+3$	14 $4-3$	15 $3+2$
16 $18-3$	17 $5+2$	18 $8-2$
19 $4+4$	20 $23-1$	21 $11+0$
22 $4-2$	23 $20+1$	24 $16-4$

Ergänzungsaufgaben

Der Tisch wird gedeckt

1 3 + ⬠ = 14	2 1 + ⬠ = 8	3 2 + ⬠ = 24
4 6 + ⬠ = 18	5 4 + ⬠ = 20	6 1 + ⬠ = 9
7 4 + ⬠ = 6	8 3 + ⬠ = 9	9 2 + ⬠ = 23
10 1 + ⬠ = 16	11 2 + ⬠ = 7	12 8 + ⬠ = 9
13 0 + ⬠ = 24	14 2 + ⬠ = 22	15 7 + ⬠ = 17
16 1 + ⬠ = 24	17 6 + ⬠ = 19	18 0 + ⬠ = 9
19 3 + ⬠ = 17	20 2 + ⬠ = 19	21 5 + ⬠ = 8
22 1 + ⬠ = 20	23 0 + ⬠ = 18	24 4 + ⬠ = 8

Welche Zahl gehört in die Mitte?

Auf dem Parkplatz

1 9 - ⬠ = 2	2 10 - ⬠ = 1	3 15 - ⬠ = 3
4 21 - ⬠ = 1	5 19 - ⬠ = 2	6 14 - ⬠ = 4
7 7 - ⬠ = 3	8 7 - ⬠ = 6	9 24 - ⬠ = 1
10 9 - ⬠ = 3	11 16 - ⬠ = 2	12 8 - ⬠ = 5
13 20 - ⬠ = 1	14 24 - ⬠ = 2	15 16 - ⬠ = 5
16 9 - ⬠ = 1	17 18 - ⬠ = 3	18 24 - ⬠ = 0
19 18 - ⬠ = 2	20 16 - ⬠ = 3	21 9 - ⬠ = 4
22 23 - ⬠ = 2	23 7 - ⬠ = 5	24 19 - ⬠ = 1

Setze die fehlende Zahl ein!

1. $\square + 1 = 22$
2. $\square + 2 = 15$
3. $\square + 0 = 18$
4. $\square + 2 = 24$
5. $\square + 3 = 9$
6. $\square + 3 = 17$
7. $\square + 4 = 6$
8. $\square + 2 = 12$
9. $\square + 1 = 18$
10. $\square + 4 = 9$
11. $\square + 1 = 10$
12. $\square + 4 = 5$
13. $\square + 3 = 19$
14. $\square + 4 = 24$
15. $\square + 0 = 24$
16. $\square + 2 = 17$
17. $\square + 1 = 8$
18. $\square + 1 = 24$
19. $\square + 2 = 10$
20. $\square + 4 = 7$
21. $\square + 3 = 14$
22. $\square + 1 = 20$
23. $\square + 4 = 8$
24. $\square + 3 = 15$

Und wie lautet hier die Lösung?

1. $\square - 1 = 2$
2. $\square - 2 = 15$
3. $\square - 4 = 10$
4. $\square - 2 = 2$
5. $\square - 1 = 19$
6. $\square - 3 = 15$
7. $\square - 0 = 24$
8. $\square - 2 = 8$
9. $\square - 3 = 10$
10. $\square - 1 = 18$
11. $\square - 4 = 5$
12. $\square - 2 = 21$
13. $\square - 3 = 13$
14. $\square - 4 = 2$
15. $\square - 2 = 0$
16. $\square - 3 = 12$
17. $\square - 1 = 10$
18. $\square - 0 = 1$
19. $\square - 1 = 11$
20. $\square - 1 = 20$
21. $\square - 4 = 3$
22. $\square - 3 = 2$
23. $\square - 1 = 21$
24. $\square - 4 = 4$

Addition mit Überschreitung

Am Bootsanleger

1 $8+4$	2 $4+5$	3 $5+2$
4 $4+7$	5 $0+1$	6 $6+4$
7 $18+3$	8 $3+2$	9 $3+5$
10 $2+0$	11 $2+4$	12 $17+5$
13 $19+4$	14 $1+2$	15 $13+6$
16 $19+5$	17 $9+6$	18 $16+4$
19 $11+5$	20 $14+4$	21 $8+6$
22 $1+3$	23 $9+8$	24 $9+4$

Subtraktion mit Unterschreitung

Auf demEntenteich

1 15 - 5	2 7 - 6	3 11 - 5
4 13 - 4	5 22 - 5	6 6 - 4
7 21 - 8	8 10 - 6	9 12 - 7
10 23 - 5	11 11 - 8	12 21 - 7
13 24 - 2	14 12 - 5	15 17 - 6
16 23 - 2	17 24 - 5	18 20 - 8
19 24 - 4	20 22 - 6	21 24 - 1
22 13 - 5	23 21 - 6	24 24 - 0

Schwierige Kopfrechenaufgaben

1 $9+5$

2 $22-4$

3 $16+5$

4 $20-7$

5 $3+6$

6 $24-7$

7 $1+4$

8 $9-8$

9 $16+6$

10 $17-7$

11 $0+2$

12 $11-5$

13 $11+8$

14 $25-2$

15 $9+6$

16 $24-4$

17 $5+7$

18 $21-5$

19 $4+7$

20 $12-4$

21 $3+1$

22 $25-1$

23 $2+5$

24 $11-8$

Übe das gleiche noch einmal!

1 7+6	2 2+3	3 8+8
4 11-9	5 25-4	6 21-3
7 7+4	8 13+6	9 12+3
10 24-2	11 13-5	12 25-1
13 10-9	14 21-4	15 11-8
16 5+9	17 19+4	18 2+2
19 21-9	20 12-5	21 12-3
22 2+4	23 14+6	24 3+7

Plusaufgaben mit Mittellücke

Kindergartengarderobe

1: $21 = \bigcirc + 4$	2: $10 = \bigcirc + 9$	3: $16 = \bigcirc + 6$	4: $13 = \bigcirc + 7$
5: $11 = \bigcirc + 8$	6: $21 = \bigcirc + 7$	7: $12 = \bigcirc + 5$	8: $24 = \bigcirc + 1$
9: $16 = \bigcirc + 7$	10: $13 = \bigcirc + 9$	11: $20 = \bigcirc + 8$	12: $23 = \bigcirc + 3$
13: $12 = \bigcirc + 7$	14: $20 = \bigcirc + 7$	15: $22 = \bigcirc + 1$	16: $21 = \bigcirc + 3$
17: $24 = \bigcirc + 5$	18: $24 = \bigcirc + 2$	19: $14 = \bigcirc + 6$	20: $19 = \bigcirc + 8$
21: $21 = \bigcirc + 6$	22: $10 = \bigcirc + 8$	23: $24 = \bigcirc + 0$	24: $21 = \bigcirc + 5$

Minusaufgaben mit Mittellücke

Was macht denn Hasso da?

1: 20 - ◯ = 5	2: 21 - ◯ = 4	3: 22 - ◯ = 8	4: 21 - ◯ = 5
5: 19 - ◯ = 6	6: 24 - ◯ = 0	7: 11 - ◯ = 6	8: 12 - ◯ = 9
9: 22 - ◯ = 3	10: 11 - ◯ = 9	11: 10 - ◯ = 6	12: 23 - ◯ = 5
13: 23 - ◯ = 2	14: 24 - ◯ = 1	15: 14 - ◯ = 7	16: 24 - ◯ = 2
17: 20 - ◯ = 9	18: 23 - ◯ = 3	19: 12 - ◯ = 6	20: 14 - ◯ = 5
21: 10 - ◯ = 9	22: 16 - ◯ = 4	23: 18 - ◯ = 8	24: 15 - ◯ = 7

Zur Festigung

1 ___ + 8 = 11	2 ___ + 9 = 10	3 ___ + 4 = 22
4 ___ + 5 = 21	5 ___ + 1 = 24	6 ___ + 6 = 20
7 ___ + 3 = 22	8 ___ + 3 = 24	9 ___ + 7 = 12
10 ___ + 8 = 20	11 ___ + 7 = 17	12 ___ + 4 = 12
13 ___ + 7 = 22	14 ___ + 5 = 18	15 ___ + 5 = 22
16 ___ + 9 = 13	17 ___ + 5 = 12	18 ___ + 8 = 14
19 ___ + 3 = 23	20 ___ + 9 = 18	21 ___ + 5 = 16
22 ___ + 9 = 11	23 ___ + 2 = 24	24 ___ + 0 = 24

Das kannst du jetzt!

1. $9 = 20 - \_\_\_$
2. $7 = 14 - \_\_\_$
3. $1 = 23 - \_\_\_$
4. $6 = 18 - \_\_\_$
5. $7 = 22 - \_\_\_$
6. $4 = 12 - \_\_\_$
7. $9 = 10 - \_\_\_$
8. $6 = 11 - \_\_\_$
9. $3 = 24 - \_\_\_$
10. $4 = 20 - \_\_\_$
11. $7 = 13 - \_\_\_$
12. $8 = 10 - \_\_\_$
13. $2 = 25 - \_\_\_$
14. $1 = 20 - \_\_\_$
15. $4 = 13 - \_\_\_$
16. $1 = 25 - \_\_\_$
17. $6 = 19 - \_\_\_$
18. $5 = 15 - \_\_\_$
19. $7 = 21 - \_\_\_$
20. $3 = 20 - \_\_\_$
21. $9 = 12 - \_\_\_$
22. $4 = 24 - \_\_\_$
23. $4 = 22 - \_\_\_$
24. $9 = 13 - \_\_\_$

Ergänze zur 24!

In Klasse 1b

1 24 = 15 +	2 24 = 17 +	3 24 = 12 +
4 24 = 14 +	5 24 = 7 +	6 24 = 4 +
7 24 = 23 +	8 24 = 21 +	9 24 = 1 +
10 24 = 18 +	11 24 = 20 +	12 24 = 10 +
13 24 = 3 +	14 24 = 5 +	15 24 = 13 +
16 24 = 2 +	17 24 = 11 +	18 24 = 0 +
19 24 = 22 +	20 24 = 9 +	21 24 = 19 +
22 24 = 16 +	23 24 = 8 +	24 24 = 6 +

Wie viel musst du von 24 abziehen?

Tina holt die Limonade aus dem Keller

1 15=24-	2 7=24-	3 10=24-
4 14=24-	5 23=24-	6 6=24-
7 19=24-	8 21=24-	9 11=24-
10 22=24-	11 20=24-	12 18=24-
13 3=24-	14 1=24-	15 5=24-
16 2=24-	17 13=24-	18 4=24-
19 12=24-	20 9=24-	21 17=24-
22 0=24-	23 8=24-	24 16=24-

Lauter Kettenaufgaben

1	2	3
1+2+2	0+1+0	2+1+1
4	5	6
1+2+3	3+5+2	1+1+0
7	8	9
1+4+3	3+5+4	2+0+1
10	11	12
4+1+4	5+2+4	3+3+1
13	14	15
9+4+5	7+2+5	6+7+3
16	17	18
8+3+6	7+5+7	4+5+6
19	20	21
8+8+4	9+6+8	7+9+5
22	23	24
2+5+6	9+9+6	8+9+5